JN409063

다대첨사僉使 윤흥신尹興信

1.
임진년 그 함성에 그날의 모습으로
노을에 부서지며 소리쳐 오는 파도
쏘아라
비장한 군령
그 외침도 들린다.

2.
왜군의 침략으로 핏물에 찌든 바다
그때의 울부짖음 귓전에 생생한데
순절殉節한
다대첨사 윤흥신
파도 되어 묻혔나.

* 제4회 사하 모래톱 문학상 공모 작품
최우수상 수상작

삶

물이라 흘러왔나
세월의 구비 따라

바람은 잘도 가네
노래도 부르면서

겹겹이
쌓인 길목은
태백산맥 같구나

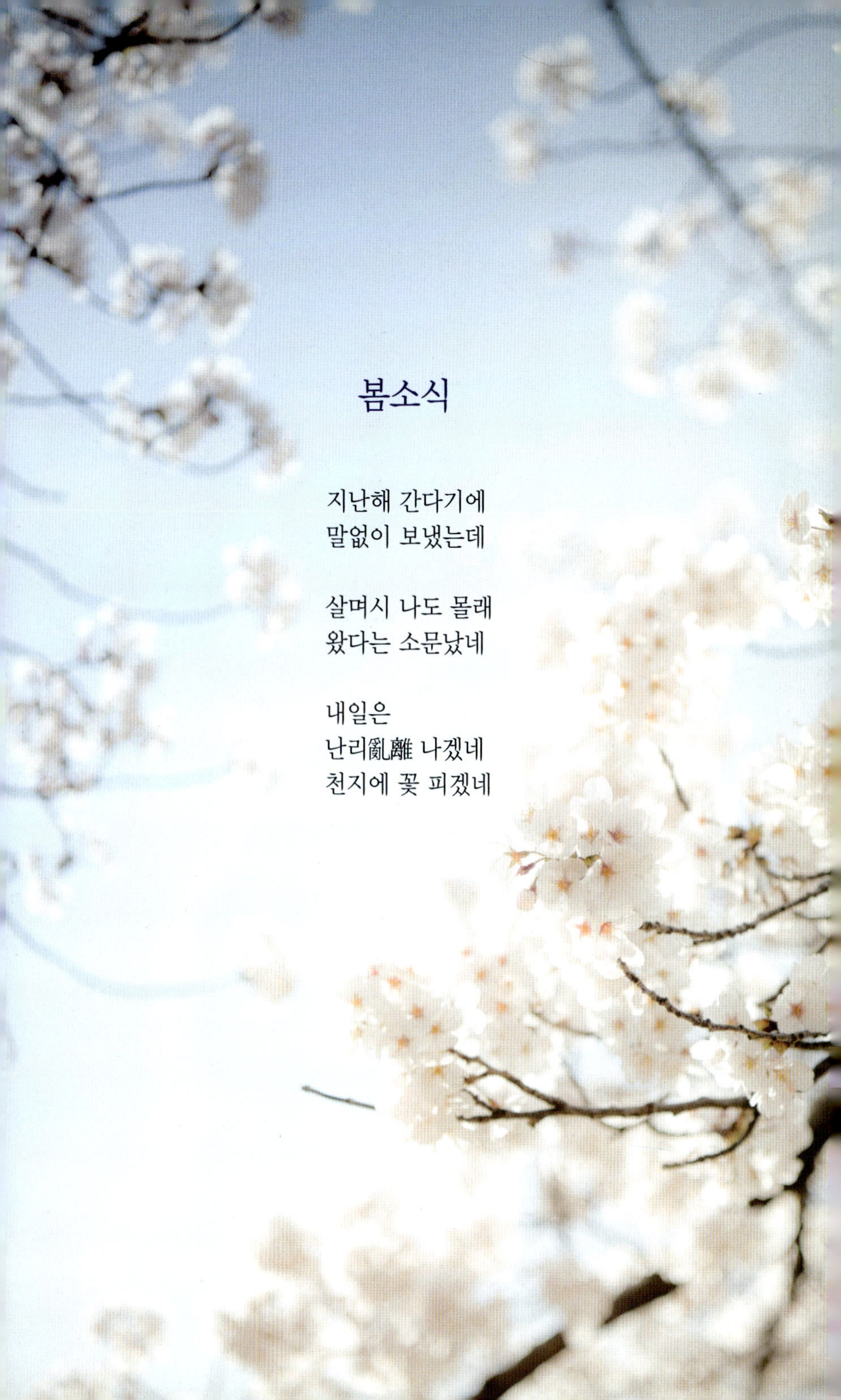

봄소식

지난해 간다기에
말없이 보냈는데

살며시 나도 몰래
왔다는 소문났네

내일은
난리亂離 나겠네
천지에 꽃 피겠네

선거選擧

제도는 소선거구
선호는 중선거구

바람은 비례대표
떠들던 주민재권

투표는
기권을 하고
등산으로 줄행랑

『'제4회 사하모래톱 문학상' 최우수상』 수상 기념출간

자고 가는 바람아

| 윤주동 제1시조집 |

청옥

책 머리에

먼 길을 달려오다 지쳐버렸나.
작은 잎새에
쓰러져 누워버렸네

또,
얼마나 먼 길을 가야 하기에
쪽잠마저 자면서
마음에 준비하는가.

바람은 또 그렇게 쓸쓸히
먼 길을 따라서 가야만 하겠지.

그것이 우리 인생의 잘 짜여 진 섭리인 것을…

그리하여 다시 찾아오겠지
어떤 바람이 되어 찾아줄는지
한 치의 앞도 모르는 우리는 뜻 없이 노래만 한다.
나 또한 이 밤에 이렇듯 노래를 한다.

목차

2부 시작

3부 피차일반

4부 길

5부 사발

6부 어리석은 사람

1부

자고 가는 바람아

자고 가는 바람아!

잎새에 잠이 들은 새하얀 저 바람은
쉼 없이 달려오다 지쳐서 쓰러졌나
또 먼 길
가야 하기에
쪽잠으로 설치네.

태고의 정기 품고 세월을 토해내며
언제나 사람들을 괴롭혀 오던 길도
엄마의
마음이라면
감싸주며 왔을 걸.

때늦은 후회지만 귀담아 들어주며
마음을 달래주고 비위를 맞추지만
행여나
마음 변하여
돌아올까 두렵네.

시작詩作

반디를 불러 모아
어둠을 밝혀놓고

시상詩想을 끌어내어
한 편의 시를 지어

문학상
첫발 딛고서
상상想像으로 설레네

가는 세월歲月

가는 년 밉다 하고
오는 년 반겼던가

오가는 년들 탓에
백발이 성성星星한데

가는 년年
잡고 싶은 마음
무슨 수로 재우나

내 사람아!

사람아 내 사람아 날 두고 가려는가
구름에 실려 가나 바람에 밀려가나
날 두고
바쁜 걸음을
재촉하려 하는가

오가는 계절 속에 사랑이 익어왔고
그 사랑 변함없이 지키려 한다더니
내 마음
울려놓고서
누굴 찾아 가려나

사람아 내 사람아 날 두고 가더라도
지금도 그때처럼 사랑한다 말해주고
가던 길
새겨뒀다가
나를 찾아 돌아와

봄 나무

봄비에 몸을 씻고
가지에 잎을 피워

파랗게 옷을 입고
바람에 손짓하네

늦잠에
깨어난 마음
설렘 속에 빠졌네

사랑은

사랑은 주고 싶고
받고도 싶지마는

언제나 왔다갔다
끝없는 변덕쟁이

상대가
없는 사랑은
짝사랑이라 하지

장작長斫개비

메마른 가슴에도
잔정이 피어나고

이름을 태워가도
외침은 남았는데

지난날
어머니 모습
자식들의 그리움

유혹誘惑

봄 들녘 나서보니
꽃들이 만발하여

자꾸만 불러대며
곁으로 오라 하네

차라리
나비가 되어
안방 차지 해볼까

추억追憶 I

지난날 추억들이
한 송이 꽃이 되어

피다가 시들어서
그림자 되어가도

고향의
물레방아는
가슴에서 도는데

추억追憶 Ⅱ

샘 솟는 그리움은
언제나 아련해도

순간의 꽃이 되어
가슴에 피어날 땐

돌아가
함께하고픈
시간 두고 들꽃네

파도波濤

겹겹이 밀려오던
물결이 화가 나서

삼킬 듯 입 벌리고
뭍으로 달려오면

낚시꾼
그 입을 향해
낚싯줄을 던진다

홀로 핀 꽃

길가에 홀로 서서
반기던 한 송이 꽃

그 사람 만날 때면
언제나 웃었는데

오늘도
홀로 피었네
떠난 사람 못 잊어

그때 그 바람

살며시 찾아와서
머물던 그 길목엔

우리의 소망 함께
꽃 되어 피었는데

꿈길에
마중 나선 날
낙엽 되어 떠났네

마음 I

순수한 마음 초심
백성의 마음 민심

민심은 천심이라
역천逆天자 필망내이必亡乃已

초심을
잃지 않는 자
천심까지 얻는다

바람의 언덕

언제나 그러하듯
내일을 약속하고

설렘 속 만날 때면
기댈 곳 있어 좋다

어둠 속
달이 없어도
행복인 줄 알았네

은모래 해변에서
갈매기 노래할 때

바람에 흔들리는
사랑도 익어갔네

꿈길엔
열매도 없이
한 줄기의 바람뿐

예지瑆池의 24계단 I

풍경 속 비탈길에
그 계단 심어놓고

별빛이 내리는 밤
내 임을 불러보네

멀리에
두지 않아도
달맞이꽃 피겠네

예지玴池의 24계단 Ⅱ

커피 잔 향기 속에
그 사랑 심어놓고

이 계단 지어가며
정분을 쌓았는데

떠난 임
이십사 계단의
기다림을 알려나

2부
시작

한반도韓半島의 4월

사월의 판문점板門店에
정상頂上이 함께 만나

소나무 심었는데
평화平和의 꽃 피려네

그 누가
꽃피는 사월을
잔인殘忍하다 말했나

불면증不眠症

잠자는 밤을 잡고
불면不眠을 친구삼아

세상사 불러놓고
다짐을 해보건만

새벽닭
울음소리가
밤을 깨워 주려네

하소연

세월에 기대서니
백발만 성성하여

술타령 넋두리에
세상만 빙빙 도네

말없이
떠난 내 청춘
어디쯤에 있을까

본本

선인先人을 본받기를
때로는 거부하며

나름의 길을 찾아
곧은 삶 살았는데

어느덧
선인들의 길
한가운데 서 있네

산 넘어 산

지난 길 돌아보면
고불 진 산길인데

정화수 한 잔 놓고
순탄 길 달라 해도

산 넘어
또 산이던가
곧은길은 그 어디

아버지 얼굴

엄하고 무서워도
가끔은 미소 주던

아버지 그 얼굴은
그리움 되었는데

회초리
대나무 가지
우는구나 아직도

여름 밤

평상*의 손부채를
더위가 비웃기에

바꿔온 손 선풍기
제 몫을 하려는데

갑자기
내리는 소나기
방 안으로 쫓는다

* 밖에다 내어 앉거나 드러누워 쉴 수 있도록 만든 것

김삿갓

언제나 닮고 싶은
사람을 말하라면

그 이름 김병연金炳淵 님
김삿갓 이라하네

일세一世를
풍미風靡했다는
방랑放浪시인 난고蘭皐 님

등고선等高線

뒤꿈치 치켜들고
더 높이 뛰어보며

함께는 아니라며
언제나 우기다가

때로는
뛰쳐나가며
거부해도 제자리

무더위

밤하늘 떠가던 달
찬란히 빛나던 별

호수에 뛰어들어
더위를 식히는데

성급히
벗고 있었네
나도 몰래 속옷을

바람개비

저 친구 왜 저러나
하늘만 바라보네

근심이 생겼는지
자꾸만 서성이네

전봇대
걸린 방패연防牌鳶
바람개비 되었네

봄 난리亂離

매화가 피어나니
목련이 시샘하고

벚꽃이 소리치니
덩달아 눈뜬 꽃들

봄물에
난리가 났네
쿵쿵 쾅쾅 다툼 중

생산生産

하나의 머리에서
생각은 천만 가지

세계를 다스리고
우주를 정복해도

후세에
남겨줄 숙제
어디에서 찾을까

애련愛戀

잊은 줄 알았는데
자꾸만 떠오르는

당신은 언제라도
나만의 꿈이었네.

그래서
못 잊을 사람
잊어야만 한다네

이기대二妓臺

왜장倭將을 쓸어안고
순국殉國한 두 기생의

넋이야 섧다 해도
갈매긴 노래하고

오륙도
맴도는 파도
목청까지 높아라

시작始作

벌나비 꽃에 묻혀
행복에 겨워해도

바람에 가는 세월
잡지를 못 하는데

미련에
물드는 마음
또 하루를 부르네

저 바람은

숨 가쁜 고개 앞에
다가선 저 바람은

울면서 넘었다가
웃으며 돌아오는데

떠나간
우리 엄마는
세월 속에 묻혔네

하고 싶은 말

하늘의 별을 보며
하고픈 말을 해도

인생의 희로애락
어떻게 표현하나

떠나면
다시 못 오는
섭리쯤은 남길까

3부

피차일반

옛 이야기

해 뜨고 비 내리는
다람쥐 쳇바퀴에

이어진 이야기들
끊어져 잊힌 뒤에

꿈인 듯
뒤돌아보면
들려오는 노래들

갯바위

말없이 다문 입에
세월을 품었는데

부딪혀 멍든 파도
소리쳐 울음 운다

우뚝 선
그 모습에서
아버지를 보았네

보금자리

일상에 잊지 못해
꿈에도 그려지는

새들의 둥지 같은
두고 온 산천이라

마음엔
언제나 고향
그리움을 달래네

나무 이야기

푸르던 잎이 지고
앙상한 가지마다

퇴색의 설움 안고
석양에 물들어도

어느 땐
온갖 짐승들
그늘 찾아 즐겼네

봄꽃

새로운 물결 위에
조각배 띄워 놓고

마음에 향기 실어
하늘로 날갯짓은

예쁜 척
소리치고 싶은
실어증失語症의 냉가슴

아버지의 꿈 I

잊은 듯 살아오다
옛 시절 생각하면

아버지 그 꿈들이
또다시 피어나도

이제껏
남겨진 채로
응어리 된 나의 꿈

아버지의 꿈 Ⅱ

일생을 쪼개어서
아들에 부쳐주며

꿈 실은 회초리로
잘돼라 말했는데

모두가
이루지 못한
내 꿈으로 남았네

월말月末

마지막 날이라며
영원히 가려 하네

내 생에 다시 못 올
그리움 남겨둔 채

웃음도
못 챙겼기에
눈물 속에 빠졌네

평창의 봄

올림픽 그 함성이
계곡을 흔들었나

또다시 패럴림픽
감동에 잠을 깼나

평창이
꿈틀거린다
온 대지가 움튼다

여름

짓궂은 장난질로
입은 옷 벗게 하고

설레는 즐거움을
누리는 삼복三伏 더위

한겨울
맹추위 때는
어디에서 잠잤나

장래희망將來希望

세상은 조물주의
환상적 예술작품

작품 중 뛰어난 건
인간 중 청소년들

그들의
장래희망은
조물주 위 건물주

피차일반彼此一般

나 한 잔 너도 한 잔
취해서 헤어진 뒤

길에서 잠잤다면
남 앞에 체면 없지

그 일을
비웃는 나도
깨어보니 낯선 집

가을밤

밤벌레 울음으로
창가를 물들이고

그림자 키우던 달
구름 뒤 졸고 있고

잠이 깬
귀뚜라미는
악보마저 잊었나

그릇에게

제 손길 꽈꽈하여
네 마음 얻지 못해

널 보며 미워하고
원망을 해보지만

입맛은
제각각인데
네 탓이라 말할까

달맞이꽃*

설렘을 달래가며
애태운 사연들이

달빛에 채색되어
빗물에 녹아들 때

개개비*
목청 돋우어
아픈 마음 위로해

* 달맞이꽃 꽃말 - 기다림
* 개개비 - 청개구리의 제주방언

돌아가지 않는 철새

그사이 정들었나
떠나갈 생각 없이

먼 하늘 바라보며
미소만 보내는가

엇그제
머물다 가던
사랑하나 잃었나

4부
길

봄비 I

간밤에 내린 단비
잎새를 품었던가

영롱한 초록으로
사랑에 젖었는데

손뼉 친
청개구리는
어디에서 잠자나

봄비 Ⅱ

가슴에 사무치던
그리움 함께 담아

꽃길을 찾아가며
그득히 물을 주네

잊힐까.
두려워했던
우리의 꿈까지도

선거풍경選擧風景

선거를 맞이하여
참신한 인물 찾아

우리의 미래라며
출마를 권해놓고

투표일
밥잔치 간다며
본체만체 하더라

가족家族

다정한 이웃보다
가깝게 살아가며

서로를 격려하고
아픔을 씻어주며

언제나
지켜주려는
한결같은 친족들

라면조리調理

맨 먼저 양파 넣고
굴 넣고 새우 넣고

끓을 때, 라면 넣고
파 넣고 계란 넣고

한 숟갈
국물이 정말
시원하고 맛있네

말을 하자면

우리는 사랑하며
미워도 하는 사이

아무 말 없다 해도
그 마음 알 수 있지

꼭 집어
말을 하자면
내 손안에 그대가

바람

수많은 모습으로
쉼 없이 다가와서

가끔씩 돌변해도
미소를 지었는데

또 다른
핑계를 대며
아픈 상처 남기네

설렘(실망)

그 사람 생각하고
설레던 그때처럼

상기上氣된 마음으로
봄 마중 나섰는데

소나기
눈물이 되어
내 발길을 울리네

믿음

하늘의 저 태양이
맺어준 그 열매를

흐르는 저 바람이
잘 익혀 준다는데

어이해
깊은 내 마음
받아 주지 못하나

0시時

온종일 돌고 돌던
시침時針도 원점으로

마음은 서두르고
발길은 머뭇거려

못다 한
아쉬움들은
언약 속에 남기네

길

구렁이 기어가듯
장애물 피해가며

오르막 내리막을
끝없이 누비는 길

이렇듯
우리인생도
꾸불꾸불 가는데

봄의 소리

똑똑똑 누구일까
방문 밖 저 손님은

추위에 떨고 섰던
따스한 바람일까

움트는
꽃망울 전령병傳令兵
아지랑이 우체부

선線

말썽꾼 개망나니
아비가 뒤 쫓을 때

잡힐까 기겁하여
황급히 선을 긋고

이선을
넘는 사람은
내 아들놈, 하더라

손님

새벽녘 발길마다
별들과 친구 되고

하루를 땀에 태워
한잔에 보내준 뒤

내 집에
손님이 되어
눈치 보며 들어서네

들꽃

외롭단 말도 없이
쓸쓸히 홀로 서서

설움의 꽃피우며
기다림 배워보네

화단花壇에
자리 잡았으면
외롭지는 않을 걸

가덕도加德島

눌차도 돌아서면
가덕도 반겨주고

손 내민 거가대교
그 자태 자랑하네

꿈인 듯
불렀던 이름
연대봉에 올랐네

재개발再開發 중

두껍아 새집 줄게
헌집은 내게 다오

언제나 감언이설甘言利說
속는 줄 몰랐는데

쥐꼬리
보상을 주고
죽든 말든 나 몰라

5부
사발

허송세월虛送歲月

야속타 원망해도
오지 않을 사람인데

지난날 아름답던
꿈속에 젖은 채로

오늘도
그리움 안고
헛된 꿈만 꾸는가

가지 못하네

가라는 너를 두고
떠나지 못하는데

미련에 못 간다고
생각을 한다지만

사랑은
미련, 그리움
범벅이 된 아쉬움

별 이야기

저 별은 내 곁에서
벗 되어 살았는데

언제나 꿈을 주며
그렇게 살고팠는데

어느새
구름에 숨어
나 몰라라 하구나

사발沙鉢

밥과 국 오만가지
마음이 가는 대로

부엌의 얘기까지
모아서 담으면서

어이해
타는 내 마음은
담아주지 못하나

봄날은 간다

벚꽃 잎 바람결에
하나둘 날려간 뒤

앙상히 옷을 벗고
푸르게 물든 나무

내 사랑
떠나며 남긴
그 미소를 닮았네

아쉬움

공들여 쌓아오던
수많은 그 사연들

한 줄기 바람 되어
저 멀리 떠난다면

기억은
나를 맴도는
길을 잃은 나그네

시련試鍊

세상에 태어나서
참 삶을 배워가며

하늘에 순응하고
시류를 따르는데

어이해
발길을 따라
찬바람이 부는가

봄春

따스한 바람결에
파릇한 싹이 돋고

새들의 노래까지
어울린 화려한 봄

갑자기
환한 미소로
유혹하며 덤빈다

길손

갈매기 울어주는
바닷가 언덕 위에

구름이 자고 가고
바람이 쉬어가네

영마루
쉬는 나그네는
세월까지 넘는다

가타부타可-否-

욕쟁이 그 사람은
욕으로 인사하고

글쟁이 그 시인은
글로써 인사하네

그 인사
내가 받으면
무엇으로 답하나

봄의 정취情趣

꽃향기 코로 들고
가슴에 봄이 들어

겨우내 언 내 마음
포근히 녹여주네

겨울은
질투에 젖어
지난날로 가려네

이명耳鳴

살며시 자리하며
어느 날 내게 왔네

오래된 연인처럼
속삭임 끝이 없어

이 밤도
귀뚜리* 노래
계절마저 잃었네.

* 귀뚜리 - 귀뚜라미와 같은 말

위풍당당威風堂堂

여섯 살 오빠이고
의젓한 형아인데

스스로 할 수 있다
당당히 말하더니

급해요
바지 내려줘!
화장실로 달린다

술집 풍경風景

술잔에 춤을 추고
장단에 노래하고

즐겁게 만난 친구
내일도 찾겠지만

청춘은
언제까지일까
후회하는 날들만

봄맞이

겨울의 꼬리 잡고
들녘에 홀로 서니

새봄을 노래하는
매화가 만발한데

어이해
내 마음에는
살구꽃*이 피는가

* 살구의 꽃말 - 처녀의 부끄러움, 설렘

바보 같은 사람

날 버린 그 사람은
어디서 나 같은 이

찾을 수 있을 거라
아둔한 생각 했나

추억에
여위어 가는
세월 속의 사람아

사랑의 가치價値

떨어져 있다 하여
조금씩 멀어지고

가까이 함께해서
진실한 사랑일까

마음은
멀리 있어도
변함없는 가치를

불가항력不可抗力

가끔씩 훈련하며
사전에 대비하고

조심을 생활화로
언제나 강조해도

태풍颱風엔
돌다리라도
아무 소용 없더라

6부

어리석은 사람

지는 꽃

한 송이 두 송이씩
황혼에 물이 들어

세월의 숨을 모아
아쉬운 눈물인데

짝지워
흥에 겨운 채
노래하는 저 새들

비의 여행旅行

한 방울 울림 속에
젖어 든 그리움은

황폐한 기억 속의
옛길을 달려가고

남겨진
내 발걸음은
수천 년을 맴돈다

눈병病

왼눈이 아프더니
다래끼 나는구나

며칠을 괴롭히며
곪아온 모양인데

어디서
어떤 여인이
오른 다리 내미나

* 사랑하는 사람이 오른쪽 다리를 내밀면 상대방 왼눈이 아프다는 속설이 있음.

이별離別이야기

보슬비 흩날리던
그날의 우리 이별

너 하나 못 잊어서
아직도 눈물짓네

이제 와
생각해보면
그 사랑도 병이네

염원念願

사월의 이십칠일
남북의 정상頂上끼리

터놓고 회담會談하니
평화平和의 기틀 되고

통일의
꽃이라 하네
내일이면 핀다네

어둠

내일의 준비라며
자꾸만 기어간다

일어설 생각 없이
즐겁게 더듬는다

눈을 뜰
능력조차도
없으면서 아닌 척

독도獨島야!

머나먼 바닷길에
외로이 홀로 앉아

파도의 설움 안고
조국을 수호하며

그 이름
천지에 알리고
몰래 울고 있구나

부는 바람

인생길 길목마다
훈풍에 정을 두고

작은 꿈 더욱 키워
한 아름 안았는데

어이해
빈 마음으로
돌아앉아 버렸나

무명초無名草

세월에 애원해도
이름을 갖지 못해

모두가 외면하며
모른 척 한다 해도

벗하여
정을 나누면
남들만큼 못할까

풍경風景속으로

밤새워 피운 꽃들
하늘로 치솟는데

태양을 마셔버린
구름만 졸고 있네

흥겹게
뛰놀며 즐기던
옛 시절이 그리워

그날의 고통苦痛

역사는 돌고 돌아
과거를 되돌리고

아픔은 가슴에서
모닥불 되어가네

지난날
참았던 그 말
지금까지 입속에.

빈 둥지

애잔한 어미의 정
밤낮의 구별 없고

가족의 탄생 기쁨
길들인 먹이활동

모두가
떠나버린 뒤
외로움의 빈 둥지

어리석은 사람

지나친 꿈이라며
과거를 접어놓고

미래도 포기하는
아둔한 사람들아

희망은
어느 때라도
우리 곁에 있는데

인연因緣

미지의 세계 속에
동경한 사람인데

후회의 한순간이
가끔씩 온다 해도

외로운
인생 길목에
손을 잡는 동반자

어버이날

부모님 그 은혜는
광연廣淵한 바다인데

지난날 생각하며
이제 와 후회하네.

보은報恩을
어찌 입으로
대신代身할 수 있을까

해설

자아와 타자 읽어내기와 서정적 감성의 정형미학

- 윤주동의 시세계

최영구

[시인, 문학박사]

우리가 흔히 일컫는 시 장르에서는 시대에 따라 모더니즘시, 초현실(주의) 시, 산문시 등 수 많은 시가 저마다 한 장르에서 다른 유형을 보여주듯 미와 형식의 차별성을 보여왔다. 보편적 서정시가 본류의 흐름을 장학하고 있는 듯하지만 지금도 실험 시에 가까운 시형들이 계속 창작되고 있다.

하지만 시조는 현대시와는 달리 우리 전통적 틀을 이어오면서 우리 시의 독특한 서정 장르로 전통성을 계승해 늘 그 자리를 굳게 지켜오고 있다. 시조에서도 시조의 전통적 미의 양식을 지키려는 작법과 그와는 달리 현대적 틀을 창조해 보려는 움직임이 없진 않지만 그럼에도 불구하고 시조에서는 역시 기장 격이 높고, 아름다운 완성도를 보여주는 단시조가 시조의 중심의 자리를 지키고 있다.

다른 한편으로 서정 장르로서 현대시와 시조의 서정성은 단순한 서정성에 매몰되지 않고 그 안에 서정성과 더불어 메시지 곧 시적 테마를 거느렸을 때 더욱 독자들을 매혹하고 견인하게 된다. 그때의 담화는 그렇게 거창한 것이 아니라도 말이다. 삶의 현장에서 발견한 순간의 편린 같은 삶의 한 단면의 곡절이면 충분하다. 왜냐하면 서정 중심인 시와 시조에서는 거대 담론이 필요하지 않기 때문이다.

현대의 삶은 복잡하고 다층적이다. 자본에 통합된 삶의 시간은 비극적이기도 하고 희극적이기도 하다. 현실을 눈여겨본 시인들은 이제 관심을 삶과 현실에 두게 된다. 하여 과거의 음풍농월은 맛과 멋을 다 한 듯하다. 그처럼 현재 젊은 시인들은 시조가 갖는 전통성은 그대로 이어가면서 도시적 인간 군상과 현장의 감성을 바탕에 둔 인간애나 삶의 애환을 서정성으로 확보해 보여주기에 관심을 둔다.

윤주동의 시조를 읽으면서 그런 젊은 시인들의 군상을 떠올린다. 윤주동 시인은 우리의 속말들 슬픔, 기쁨, 아픔, 그리움, 사랑 또는 이별을 시침 떼고 잘도 그려낸다. 초 중 종으로 잘도 넘어가면서, 휘어지고 돌려 차 서정을 비약시키고 단절시키면서도 반전을 수반한 말놀림의 구축이 예사롭지 않다. 우리가 시간 때문에 망각했던 삶의 본령이나 궁극적 의미를 일깨워 주는 그의 그런 서정적 목소리는 매혹적이라 할 만하다.

현재적 삶과 과거의 경험이나 기억들을 결합하면서 서정을 끌어올리는 언어의 구축과 감각적 논리를 이끌어 내는, 그의 직감이나 감성적 인식의 능력도 주목할 만하다. 한편으로 소소한 일상의 평범함에서 얻어낸 강력한 인상의 비범함도 보인다. 초, 중, 종장의 보폭을 넓혀 보다 많은 감정이나 메시지를 함축해 낸다. 그의 그런 힘을 이 글에서는 비약 혹은 반전이라 일컬어 주목했다. 그런 능력과 재치는 그의 시조 사랑과 많은 수련이 있어 가능했으리라.

우리 일상에 내재한 정서적 치유는 늘 문학 쪽이다. 시조는 오랜 기간 우리와 함께해온 우리 시의 독특하면서도 개성적 장르다. 그만큼 오래 우리 곁에서 정서적 위안을 준 문학적 특질을 지니고 있다. 그리고 시조는 현학과 경계를 두어 왔다. 시의 가장 보편적 서정성을 보여주면서 감성적 운율로 늘 우리와 친숙하다. 그런 자리에 무슨 현학이 끼어들 수 있겠는가. 윤주동 시인은 그런 시조의 특성도 잘 살려내는 편이다.

1.
임진년 그 함성에 그날의 모습으로
노을에 부서지며 소리쳐 오는 파도
쏘아라
비장한 군령

그 외침도 들린다.

2.
왜군의 침략으로 핏물에 찌든 바다
그때의 울부짖음 귓전에 생생한데
순절殉節한
다대첨사 윤흥신
파도 되어 묻혔나.

– 다대첨사僉使 윤흥신尹興信 전문

윤주동의 시조 중에서 드물게 보는 연시조다. 연시조는 알다시피 두 수 이상의 단시조를 하나의 테마로 묶어놓은 형식이다. 물론 연시조에서 각각의 단시조는 테마나 서정의 다른 면을 조명하면서 시상을 입체적으로 함축하거나 조망해 낸다는 게 장점이다. 다사한 현대적 삶에서 얻어낸 감정이나 서정을 단형 형식에 담아내기 어려울 때 연시조로 단형의 한계를 극복해 내려 시도하는 경우가 연시조다.

임진왜란 때 보여준 다대첨사 윤흥신의 용기와 활약상이 생동감 있게 와 닿는다. 현재형의 문장이 그런 실감을 더해 준다. 자신을 희생해 백성의 목숨과 안위를 지켜내려 한, 다대첨사 윤흥신의 공인으로서의 사명감과, 그로 인한 순절 의식도 실감 있게 그려진다. 그런 애국심과 순절은 후손들의 귀감이다. 그러면서 왜군과 전쟁의 비인간적 잔인함이 함께 눈길을 끈다. 그런 의미에서 이 시는 스토리텔링이기도 하다. 예전 과거의 시간을 지금의 공간으로 합치시

켜 스토리텔링을 확보하면서 임진왜란의 한 현장을 확인시켜 준다. 제4회 사하 모래톱 문학상 응모작인 이 시는 그래서 최우수상도 수상하게 된다.

첫째 연 종장 '쏘아라/비장한 군령/그 외침도 들린다'와 둘째 연 종장 '순절한/ 다대첨사 윤흥신/파도 되어 묻혔나.'는 이 시의 묘미를 한껏 살려낸 마무리 장이다. 시 「다대첨사僉使 윤흥신尹興信」은 현장감을 생생하게 재현해낸 언어 구축에도 호감이 간다.

길가에 홀로 서서
반기던 한 송이 꽃

그 사람 만날 때면
언제나 웃었는데

오늘도
홀로 피었네
떠난 사람 못 잊어

– 홀로 핀 꽃 전문

「홀로 핀 꽃」과 시의 화자가 종장에서 동일시된다. 함께 홀로 핀 꽃 한 송이는 여러 기능을 하는 이미지다. 만나고 이별하는 현장의 감정을 대신하기도 한다. 나도 웃고 꽃도 웃던 만남의 기쁨과 이별을 견뎌내는 쓸쓸함을 홀로 핀 꽃이 대신하고 있다. 그래서 동일시라는 말이 그럴듯해 보인다. 일종의 감정 이입이다. 꽃이라는 말은 여러 대상물 중에 가장 인상적인 사물어다. 그래서 시인들은 꽃을 즐겨 이미지로 활용한다.

사랑하는 사람과의 만남의 기쁨, 이별의 슬픔은 천 갈래요 만 갈래의 감정이다. 어떤 말로도 형용되지 않는다. 그럴 때 시인은 수사법이나 이미지를 동원한다. 우리는 많은 경험과 감정을 말로 표현할 수 없을 때가 종종 있게 된다. 그럴 때 시인들은 감정이나 정서를 이미지화해 독자들에게 던져 놓는다. 독자는 던져 놓은 감각적 인상으로 나름의 미적 경험을 하게 된다. 시의 묘미는 바로 그런 데 있다.

뒤꿈치 치켜들고
더 높이 뛰어보며

함께는 아니라며
언제나 우기다가

때로는
뛰쳐나가며
거부해도 제자리

– 등고선等高線 전문

등고선은 참 묘한 곡선이다. 꾸불꾸불 돌아나가다 결국 같은 선 안에 있게 되는 것이 등고선이다. 천상의 원리인 기후와 관련된 선, 등고선은 자연의 이치를 선으로 보여주는 묘한 선이기도 하다. 시인은 그런 등고선을 보며 흥미를 느꼈을 것 같다. 누구도 상상해 낼 수 없는 선, 그날의 기압과 기후만이 그려낼 수 있는 선이 등고선이다. 우리의 감정과 기분 역시 이 등고선과 무관하지 않으리라. 달리 생각하면 하늘의 이치나 뜻을 누설한 선이기도 하다. 저기압과 고기압 그런 기후는 자연이 빚어내는 현상이다. 인간은 제 편의를 위해 자연의 현상인 등고선까지도 손안에 넣어 좌지우지하려 든다. 하지만 등고선이 있을 뿐 우리의 능력은 그 이하도 그 이상도 아니다. 마음만 먹으면 자연은 등고선을 마음대로 바꾸어 놓을 수 있으니 말이다. 등고선, 그 묘한 곡선의 맛을 시인은 흥미롭게 들여다보고 있는 중이다. 누구도 감히 흉내 낼 수 없는 등고선이 서정과 함께 거기 있다.

잊은 줄 알았는데
자꾸만 떠오르는

당신은 언제라도
나만의 꿈이었네.

그래서
못 잊을 사람
잊어야만 한다네

– 애련愛戀 전문

인간사는 잔혹 그 자체다. 아무리 매달려도 결국 꿈을 포

기해야 할 경우가 다반사다. 꿈은 개인에게 최고의 목표다. 하지만 꿈은 늘 좌절을 동반한다. 세상일이 어디 뜻대로 되던가.

'나만의 꿈인 당신'도 그렇다. 이 시에서 연모와 사랑은 결국 순애보가 되고 만다. "그래서/ 못 잊을 사람/잊어야만 한다네" 화자가 자신에게 이르는 잔인한 선고다. 못 잊을 사람을 잊어야 하는 사랑의 좌절은 견딜 수 없는 아픔의 상처요 절망이아니던가. 이 시는 인간사의 그런 단면을 잘 보여주고 있다.

잔혹과 인내 그건 우리가 몸으로 감당해내야 하는 삶의 몫이다. 그처럼 우리는 많은 대가를 지불하고서야 삶을 유지할 수 있게 된다. 철이 든 사람들은 그걸 안다. 삶은 우리를 자꾸 인내하라 한다는 걸.

사랑이야말로 가장 인간적인 것이다. 그런 인간적인 사랑이 우리를 좌절시킬 때 우리는 최악의 절망을 경험하게 된다. 경험은 감정을 낳고 상상력을 빚는다. 사랑의 좌절을 단시조 한 수로 잘도 그려내 보여준다. 잔혹하리만큼 아픈 실연과 인내를 인상 깊게 시화해 보여준다.

그처럼 사랑과 실연이 시에서 자주 다루어지는 것은 그것이 우리의 생존과 실존의 중심이기 때문이다.

밥과 국 오만가지
마음이 가는 대로

부엌의 얘기까지
모아서 담으면서

어이해
타는 내 마음은
담아주지 못하나

– 사발沙鉢 전문

담아내 주기는 일종의 헌신이다. 몸으로 상대를 대신해 주는 일이기 때문이다. 아픈 마음까지 담아내어 위로해 준다면 그 이상 더한 보시가 어디 있겠는가. 사발은 그런 의미에서 단순한 사발이 아니다. 우리가 간혹 위로받는 일은 사발 같이 서로를 담아내어 삶의 상처를 보듬고 위로하며 용기를 주는 일일 것이다. 우여곡절 속에 살면서 기쁨도 나누고 슬픔도 나누어 가진다면 세상은 그래도 살만한 것이 아니겠는가.

사발은 음식만을 담아내는 것이 아니다. "부엌의 얘기까지/모아서 담으면서//타는 내 마음은/ 담아주지 못하나" 하소연이지만, 실상 행간을 읽어 보면 사발이 담아내는 여러 헌신을 우회적으로 함축해 낸 언술이다. 사발에 대한 새삼스러운 고마움이 묻어나 있다.

네가 내 마음을 알고, 내가 네 마음을 알아채어 보듬어 위로해 줄 수 있다면 그래도 인간미가 남아 있는 사회다. 그런 사발 같은 헌신이 우리 곁에 온기로 남아 있기를, 그런 온기로 서로의 삶의 상흔을 담아내어 나누어 가질 수 있는 사람과 사람의 관계를 이 시는 간접적으로 말해 준다. 사발이라는 그릇 하나에 시적 상상력을 발휘해 한 편 시조의 묘미를 살린 재치 있는 시다.

미지의 세계 속에
동경한 사람인데

후회의 한순간이
가끔씩 온다 해도

외로운
인생 길목에
마주하는 동반자

– 인연因緣 전문

동반자는 미래까지 함께 가는 사람이다. 부부의 연이 그 하나다. 어떤 동반자가 됐건 동행하다 보면 간혹 갈등도 있고, 후회도 있고, 기쁨도 있고, 슬픔도 있게 마련이다. 그런 인간사를 나누어 가지며 가야 하는 사람이 동반자다. 부부의 연이 특히 그러하다. 그러므로 동반자는 그저 그런 인연으로 만난 사람은 결코 아니다. 그가 동경한 사람이거나 기꺼이 받아들이고 싶은 그래서 함께 동행하고 싶은 사람일 것이다.

'인연'은 존재와 존재 간, 인간과 인간의 관계에 관한 매우 동양적이며 철학적인 화두다. 돌부리에 차이는 일도 인연이라 하지 않던가. 삶은 인연의 연속이다. 그리고 인연은 존재의 필연성과도 연관된다. 한 존재는 다른 존재에 의존해 존재하게 된다. 이 세상에 존재하는 모든 것들은 서로 뿌리를 같이 한다는 의식이 인연 속에는 내재한다. 뿌리를 같이 한 존재가 직접적 인연에 의해 마주하게 될 때 비로소 동행을 알게 된다. 그게 인연일 게다.

문학은 이제 우아한 서정적 성과에만 머물러 있지 않다. 작가들은 인간사나 사회적인 일, 인간과 인간의 관계는 물론 모든 존재 간에 일어날 수 있는 일까지에도 관심을 가지게 된다. 그러면서도 물리적 과학적 현상이 아닌 근원적 본질에 모든 문제를 접근시킨다. 그래서 우리는 문학이나 예술을 통해 자연과 세계를 본질적으로 이해하게 된다. '인연' 참 관심이 가는 화두다. 그래서 인연이란 시는 독자들에게 매우 흥미를 주는 시다. 모든 이에게 동행자는 필연적으로 있게 마련이니까. 그 매개가 인연이다.

부모님 그 은혜는
광연廣淵한 바다인데

지난날 생각하며
이제 와 후회하네.

보은報恩을

어찌 입으로
대신代身할 수 있을까

– 어버이날 전문

어버이, 그들은 우리를 이 세상에 존재하게 한 근원이다. 하해요, 태산이라는 말도 오히려 유부족이다. 우리는 그런 근원의 뿌리를 쉽게 잊는다. 세상일 돌아가는 것을 보면 내가 전부인 시대, 나 이외에는 소중할 것도 귀한 것도 없는 시대에 우리는 살고 있다. 그런 의식에 저항하는 사람들이 시인이다. 아니 시인이어야 한다. 그런 의미에서 시인은 늘 깨어 있는 사람이다.

삶은 실천이다. 철학과 윤리적 사고에만 집착한다면 그건 죽은 의식이다. 시 또한 그러하다. 시의 테마 즉 담론은 그런 의식을 일깨운다. 실천하라고 동기를 부여하며 자극하는 게 시다. 그렇다고 시가 관념이 되라는 말은 아니다. 관념이 아니라 생생한 이미지나 사물적 언어로 충동질하고 암시하는 게 시이다.

어버이날을 맞아 시인은 자기 후회를 담아낸다. 그가 담아낸 후회는 우리 모두의 후회에 와 닿는다. "보은報恩을/ 어찌 입으로/ 대신代身할 수 있을까" 어버이에 대한 보은을 실천하라는 시적 암시다.

이제 시인 윤주동의 시조 평설을 마무리할까 한다. 작금의 시들은 군중 속으로 다가와서 사사롭거나 모든 사람들의 공적인 화두를 같이 나누는 장으로 향하고 있다. 어디 그뿐이겠는가. 모든 외현外現은 현상적 사고와 결부된다. 시는 그런 화두도 놓치지 않는다. 또한 시는 우리의 속말들 사랑과 기쁨, 노여움과 애착, 현상과 현상 사이의 존재적 윤리의식과 그 심오함에도 관심을 둔다. 모든 현상에 내재된 우주적 윤리에 접근하려 시도하기도 한다. 우주의 내밀함 은밀함을 찾아 사색하고 정서화하는 일이 모든 시들의 영역이다. 바로 윤주동의 시조들의 내질內質이 그러하다. 그의 시조가 짧은 단형에 그런 큰 뜻과 의미들을 사색해 내다니 그저 놀라울 뿐이다. 더욱 좋은 시조들을 창작해 독자들에게 선보이기를 기대한다.

| 최영구 |
시인, 문학박사
한국문인협회, 부산문인협회 회원, 새부산시인협회 회장 역임
한국시문학 연구회 대표
시집: 『보리수 나무를 키웠다』 외 다수

윤주동 제1시조집
자고 가는 바람아

인쇄일: 2018년 9월 8일
발행일: 2018년 9월 15일

지은이: 윤주동
펴낸이: 최경식
펴낸곳: 도서출판 청옥문학사
인쇄처: 세종문화사

등록번호 제10-11-05호
E-mail: sik620@hanmail.net
전화: 051-517-6068

값 12,000원

ISBN 978-89-97805-76-1 03810

이 도서의 국립중앙도서관 출판예정도서목록(cip)은 서지정보유통지원시스템 홈페이지(http://seoji.nl.go.kr)와 국가자료공동목록시스템(http://www.nl.go.kr/kolisnet)에서 이용하실 수 있습니다.(cip2018029170)

이 책은 파평윤씨 금호재종친회의 지원으로 제작 되었습니다.